Kraft der Stille

366 Worte zum Tag

mit 24 Farbfotos

Lichtquellen

Quellen-Verlag
St. Gallen

1. Januar

Wird die Luft auch trüb und trüber,
Wandellos bleibt Gottes Huld.
Leid' dich nur, es geht vorüber,
Wenn du eins gelernt: Geduld.

Emanuel Geibel

2. Januar

Ungewiss und vergänglich ist das Glück,
gewiss und ewig bleibt die Pflicht.

Ernst von Feuchtersleben

3. Januar

Ich finde, dass die Chancen nicht zu einem kommen, sondern dass man ihnen entgegengehen muss.

Charles Dickens

4. Januar

Vorsicht im Vertrauen ist notwendig,
aber noch notwendiger Vorsicht im Misstrauen.

Joseph Eötvös

5. Januar

Man muss allem ehrlich ins Gesicht sehen und sich nichts weismachen lassen, und vor allem sich selber nichts weismachen.

Theodor Fontane

6. Januar
Räume deinen Kindern nicht alle Steine aus dem Weg, sonst rennen sie einmal mit dem Kopf gegen eine Mauer.

Robert Kennedy

7. Januar
Der Pessimismus tötet den Trieb, der die Menschen drängt, gegen Armut, Unwissenheit und Verbrechen anzukämpfen, und vertrocknet alle Quellen der Freude in der Welt.

Helen Keller

8. Januar
Glück ist, was jeder sich als Glück gedacht.

Friedrich Halm

9. Januar
Viel Übles hab' an Menschen ich bemerkt,
das schlimmste ist ein unversöhnlich Herz.

Franz Grillparzer

10. Januar
Die schlechteste Münze, mit der man seine Freunde bezahlen kann, sind die Ratschläge. Einzig die Hilfe ist gut.

Fernando Galiani

11. Januar
Man verdirbt einen jungen Menschen am sichersten, wenn man ihn verleitet, den Gleichdenkenden höher zu achten als den Andersdenkenden.

Friedrich Nietzsche

12. Januar
Sich selbst bekämpfen ist der allerschwerste Krieg;
sich selbst besiegen ist der allerschönste Sieg.

Friedrich von Logau

13. Januar
Nicht wer viele Ideen, sondern nur wer eine Überzeugung hat, der kann ein grösserer Mensch werden.

Joseph Eötvös

14. Januar
Wenn jeder Tag schon genug Mühe macht, warum sich dann noch die Mühe des morgigen Tages aufladen?

Charles Péguy

15. Januar
Die Jugend ist eigentlich die Zeit unserer Erfahrung;
das Alter die Zeit der Meditation.

Jean Paul

16. Januar

Vergiss nicht- man benötigt nur wenig,
um ein glückliches Leben zu führen.

Marc Aurel

17. Januar

Jeder fordert reichlich Achtung und Ehre,
und gibt sie so spärlich zurück.
Alle Menschen sind Egoisten.

J.W. Goethe

18. Januar

Beim fleissigen Menschen schaut die Armut nur zum Fenster
herein. Sie wagt nicht einzutreten.

Rumänisches Sprichwort

19. Januar

Nicht das Geld, der Neid regiert die Welt.

Curt Goetz

20. Januar

Es liegt in der menschlichen Natur, logisch zu denken und
unlogisch zu handeln.

Anatole France

21. Januar
Wir kennen das Glück meist nur in der Vergangenheit oder Zukunft, höchst selten in der Gegenwart.

Fliegende Blätter

22. Januar
Nur wer das Unmögliche versucht, erfährt was möglich ist.

Charles Tschopp

23. Januar
Hass wird durch Gegenhass gesteigert, durch Liebe dagegen kann er getilgt werden.

Baruch de Spinoza

24. Januar
Erst wenn man genau weiss, wie die Enkel ausgefallen sind, kann man beurteilen, ob man seine Kinder gut erzogen hat.

Erich Maria Remarque

25. Januar
Wir sind auf Erden, um zu werden, nicht um zu sein.

Michael Sailer

26. Januar
Alle Menschen werden in ihren Hoffnungen getäuscht, in ihren Erwartungen betrogen. Es geht mir nicht allein so.

J.W. Goethe

27. Januar
Die Wahrheit sagen heisst mit Liebe reden.

Henry David Thoreau

28. Januar
Wir können nur das wirken, was wir in uns selbst verwirklicht haben.

Ina Seidel

29. Januar
Wer einmal sich selbst gefunden, der kann nichts auf dieser Erde mehr verlieren. Und wer einmal die Menschen in sich begriffen, der begreift alle Menschen.

Stefan Zweig

30. Januar
Das Schrecklichste ist nicht, dass einem das Herz bricht - Herzen sind dazu da, um zu brechen –, sondern dass einem das Herz in Stein verwandelt wird.

Oscar Wilde

31. Januar
Grosse Künstler sind die einzigen Reichen, welche ihr ganzes Glück mit uns teilen.

August von Pauly

1. Februar

Eines ist, was nützt: die Klarheit.
Eines ist, was besteht: das Recht.
Eines ist, was besänftigt: die Liebe.

Ludwig Börne

2. Februar

Misstrauen zersägt die Lebenswurzeln,
Vertrauen stärkt sie.

Zenta Maurina

3. Februar

Was heisst denn über die Zeit klagen!
Wie jeder sie macht, so muss er sie tragen.

Wilhelm Müller

4. Februar

Wer die Gottesgabe der Begeisterung besitzt, wird wohl älter, aber nicht alt.

Walter Oncken

5. Februar

Gerechtigkeit ist die einzige Münze, die überall gilt.

Östliche Weisheit

6. Februar
In der freien Welt hat jeder das Recht, seine Meinung zu sagen – und jeder andere das Recht, nicht hinzuhören.

Lebensweisheit

7. Februar
Die medizinische Forschung hat so enorme Fortschritte gemacht, dass es praktisch überhaupt keinen gesunden Menschen mehr gibt.

Aldous Huxley

8. Februar
Tu deinem Leib etwas Gutes, damit deine Seele Lust hat, darin zu wohnen.

Theresia von Avila

9. Februar
Ein Mensch, der nie Zeit hat, hat sicher nichts zu tun.

Fliegende Blätter

10. Februar
Wer damit anfängt, dass er allen traut, wird damit enden, dass er jeden für einen Schurken hält.

Friedrich Hebbel

11. Februar
Es kommt überhaupt nicht darauf an, was für Meinungen einer hat, sondern darauf, ob einer ein rechter Kerl ist.

Thomas Mann

12. Februar
Ungeduld ist es, die den Menschen von Zeit zu Zeit anfällt, und dann beliebt er sich unglücklich zu finden.

J.W. Goethe

13. Februar
Das Leben kann und soll im Alter immer schöner und grossartiger werden, leichter aber wird es nicht.

Carl Hilty

14. Februar
Erfahrungen sind Massarbeit.
Sie passen nur dem, der sie macht.

Carlo Levi

15. Februar
Streitigkeiten dauerten nicht lange,
wenn das Unrecht nur auf einer Seite wäre.

La Rochefoucauld

16. Februar

Älter werden bedeutet, den Weg nach innen gehen.

Luise Rinser

17. Februar

Geniessen ist keine Kunst, aber mit Weisheit geniessen bringt allein noch Blumen im Schnee des Alters und ist der heitere Himmel zwischen Regenwolken.

Karl Julius Weber

18. Februar

Wer diesen grauen Alltag erträgt und dabei dennoch Mensch bleibt, der ist wirklich ein Held.

Fjodor M. Dostojewski

19. Februar

Man wird unglücklich, wenn man im Alter so glücklich sein möchte, wie man in der Jugend war.

Stefan Zweig

20. Februar

Wer es allen treffen will, ist ein Narr oder muss einer werden.

Jeremias Gotthelf

21. Februar
Die Unzufriedenheit, die lächerlichste Zeitkrankheit,
rührt meist daher, dass die Menschen
über ihrem Stande leben wollen,
dadurch werden sie beides, unglücklich und lächerlich.

Jeremias Gotthelf

22. Februar
Wer nicht zuweilen zu viel und zu weich empfindet,
der empfindet gewiss immer zu wenig.

Jean Paul

23. Februar
Vom höchsten Ordnungssinn ist nur ein Schritt zur
Pedanterie.

Christian Morgenstern

24. Februar
Den Charakter eines Menschen erkennt man erst, wenn er
Vorgesetzter geworden ist.

Erich Maria Remarque

25. Februar
Kannst du keine Blitze werfen, Freund,
so lass das Donnern auch!

Emanuel Geibel

26. Februar

Trage dein Übel, wie du magst,
Klage niemand dein Missgeschick;
Wie du dem Freunde dein Unglück klagst,
Gibt er dir gleich ein Dutzend zurück.

J.W. Goethe

27. Februar

Der Sinn eurer Weisheit kurz und schlicht:
Die Welt wollt ihr umkrempeln – euch selber nicht!

Georg Stammler

28. Februar

Viel zu viel Wert auf die Meinung anderer zu legen,
ist ein allgemein herrschender Irrwahn.

Arthur Schopenhauer

29. Februar

Begrenzt ist das Leben, doch unerschöpflich die Liebe.

Ibara Saikaku

1. März

Die Menschen werden nicht von den Dingen,
sondern von den Meinungen über die Dinge geplagt.

Karl Immermann

2. März

Der Einsame ist nur der Schatten eines Menschen, und wer
nicht geliebt wird, ist überall und mitten unter allen einsam.

George Sand

3. März

Die überkultivierten Rosen verlieren ihren Duft,
die überkultivierten Menschen ihre Seele.

Zenta Maurina

4. März

Es ist von der grössten Wichtigkeit,
dass Kinder arbeiten lernen.

Immanuel Kant

5. März

Keiner von uns ist wirklich gut
Und keiner von uns ist wirklich böse.

George Bernard Shaw

6. März

Nur die Verbesserung des Herzens
führt zu wahrer Freiheit.

Johann Gottfried Fichte

7. März

Wie oft im Leben raubt uns der Mangel an Geduld das,
was wir im nächsten Augenblick hätten haben können.

Bengt Berg

8. März

Der Mensch hat das Warten verlernt.
Darin liegt das Grundübel unserer Zeit.

William Somerset Maugham

9. März

Die Ungeduld ist die Mutter der Torheit.

Leonardo da Vinci

10. März

Geduld ist der Schlüssel zur Freude.

Arabisches Sprichwort

11. März

Das Kleine wird durch Eintracht gross,
das Grösste durch Zwietracht zertrümmert.

Sallust

12. März

Sieh, das ist es, was auf Erden
Jung dich hält zu jeder Frist,
Dass du ewig bleibst im Werden,
Wie die Welt im Wandel ist.

Emanuel Geibel

13. März

Wo Leben ist, besteht auch immer die Hoffnung
auf eine Besserung der Dinge.

Shri Aurobindo Ghose

14. März

Stolz und Liebe heisst das Lichtgespann, worauf Geister
durch die Himmel fliegen. Hoffe, dulde, liebe! Sei ein Mann!
Das Geschmeiss lass in dem Staube kriechen.

Ernst Moritz Arndt

15. März

Lass jedes Glück verblühn, wenn dir nur eines bleibt:
Die Hoffnung, die am Zweig stets neue Knospen treibt.

Friedrich Rückert

16. März

Wenn man recht fleissig an die unendliche Unsicherheit der menschlichen Glücksgüter denkt, muss man endlich gleichgültig und mutig werden.

Novalis

17. März

Hat man den Wind gegen sich, so ist das nur ein Grund, um so stärker auszuschreiten.

Julius Langbehn

18. März

Sammle in ruhiger Zeit für die ruhelosen Zeiten die Kräfte.

Johann Kaspar Lavater

19. März

Bist du allein, so denke an deine Fehler, bist du in Gesellschaft, so vergiss die Fehler der andern.

Lebensweisheit

20. März

Versäumt bleibt versäumt, und den verlorenen Augenblick des Glückes holt nichts wieder zurück.

Emil Marriot

21. März

Das Glück ist ein Mosaikbild, das aus lauter unscheinbaren kleinen Freuden zusammengesetzt ist.

Daniel Spitzer

22. März

Die Vorstellung von Glück und Unglück kommt nicht von den Dingen der Welt, sondern von der Gemütsart der Menschen.

Gottlieb von Hippel

23. März

Die Glücklichen sind reich, nicht Reiche glücklich.

Friedrich Halm

24. März

Meine Vorstellung vom Glück: Ein gutes Bankkonto, eine gute Köchin und eine gute Verdauung.

Jean-Jacques Rousseau

25. März

Kein höheres Glück dem Menschen lacht, als wenn er andre glücklich macht.

William Monier

26. März

Das Paradies pflegt sich erst dann als Paradies zu erkennen zu geben, wenn wir aus ihm vertrieben sind.

Hermann Hesse

27. März

Das Mitleid ist die letzte Weihe der Liebe,
vielleicht die Liebe selbst.

Heinrich Heine

28. März

Bei der Eifersucht zeigt sich mehr Eigenliebe als Liebe.

La Rochefoucauld

29. März

Der Liebende gibt sich dem andern;
der Verliebte nimmt sich den andern.

Hans Albrecht Moser

30. März

Der Wille ist ein handfester Sklave, der bald den Leidenschaften, bald der Vernunft zu Diensten steht.

Antoine de Rivarol

31. März

Glück und Freude liegen weder im Geld noch in der Liebe, sondern in der Wahrheit.

Anton Tschechow

1. April

Bei blitzschnell hereinbrechender Not und Verwirrung zeigt sich am besten, was der Mensch ist, und was er kann.

Wilhelm Raabe

2. April

Mitleid hab mit allen, mit Menschen und mit Tier –
Nur eines lasse fallen: Mitleid mit Dir!

Otto von Leixner

3. April

Es wäre lächerlich, und wir wären Fremdlinge auf der Welt, wollten wir uns über irgendein Ereignis wundern.

Marc Aurel

4. April

Keine Kunst ist's, alt zu werden;
Es ist Kunst, es zu ertragen.

J.W. Goethe

5. April

Wer immer angelt, dem nimmer mangelt.

Friedrich von Logau

6. April

Verhärte dich! Wer weich ist, leidet mehr,
wer hart ist, wird nur einsam –
ach, auch das ist schwer!

Richard Katz

7. April

Es ist ein Naturgesetz, dass alles Leben, je rastloser es gelebt
wird, umso schneller sich auslebt und ein Ende nimmt.

Gottfried Keller

8. April

Allein sein ist schön, wenn man allein sein will,
nicht wenn man es muss.

Annette Kolb

9. April

Kaum ein Weg auf Erden ist so weit
wie der vom guten Vorsatz zur guten Tat.

Pearl S. Buck

10. April

Die einzige Klugheit im Leben ist Konzentration,
das einzige Übel Zersplitterung.

Ralph Waldo Emerson

11. April

Es sähe viel besser in unserem öffentlichen Leben aus,
wenn die Menschen den Zauber der vier Wände
mehr würdigten.

Otto von Leixner

12. April

Glück ist meistens nur ein Sammelname für
Tüchtigkeit, Klugheit, Fleiss und Beharrlichkeit.

Charles F. Kettering

13. April

Das Glück des Lebens besteht nicht darin,
wenig oder keine Schwierigkeiten zu haben,
sondern sie alle siegreich und glorreich
zu überwinden.

Carl Hilty

14. April

Nur eins beglückt zu jeder Frist,
schaffen, wofür man geschaffen ist.

Paul Heyse

15. April

Ein bisschen Narrheit, das versteht sich,
gehört immer zur Poesie.

Heinrich Heine

16. April

Die Weltliteratur ist ein ungeheures Magazin, wo Millionen Seelen, mit Edelmut, Zorn, Stolz, Liebe, Hohn, Eifersucht, Adel und Gemeinheit bekleidet werden.

Robert Musil

17. April

Mitfreude, nicht Mitleiden macht den Freund.

Friedrich Nietzsche

18. April

Wir machen keine neuen Erfahrungen. Aber es sind immer neue Menschen, die alte Erfahrungen machen.

Levin Rahel

19. April

Die wirklich tätigen Menschen erkennt man daran, dass sie Zeit haben.

Jules Romains

20. April

Nachsicht gegen sich und Hartherzigkeit gegen andere ist ein und dasselbe Laster.

Jean de La Bruyère

21. April

Es gibt, die Religion sei, welche sie wolle, nur *einen* Gott, nur *eine* Tugend, nur *eine* Wahrheit, nur *ein* Glück. Du findest alle, wenn du der Stimme deines Herzens folgst.

Abraham Mendelssohn

22. April

Solange wir alles nur von unserem eigenen Standpunkt aus betrachten, werden wir die Wahrheit nie erblicken.

Paul Brunton

23. April

Die Irreligiösen sind religiöser, als sie selbst wissen und die Religiösen sind's weniger, als sie meinen.

Franz Grillparzer

24. April

Der Zweifel tötet alles Starke, macht kraftlos und niedrig. Aber der Glaube bringt uns zum Leben und zur Sonne und macht heimliche Kräfte frei.

Ludwig Finckh

25. April

Das Genie ist die Macht,
Gott der menschlichen Seele zu offenbaren.

Franz Liszt

26. April

Der beste Arzt ist die Natur. Sie heilt drei Viertel aller Krankheiten und spricht niemals schlecht über Kollegen.

Claudius Galenos Galen

27. April

Jeder von uns trägt in sich selber die grösste Kraft zur Gesundung und Gesundheit, die wir kennen – die Kraft positiver Gefühle.

Alexander Schindler

28. April

Die Sonne und Freude sind die Universalarznei aus der Himmelsapotheke.

Otto von Kotzebue

29. April

Es gibt tausend Krankheiten, aber nur eine Gesundheit.

Ludwig Börne

30. April

Nur eine Weisheit führt zum Ziele,
doch ihrer Sprüche gibt es viele.

Friedrich Bodenstedt

1. Mai

Wohl dem Menschen, dem der Himmel ein Stück
Brot beschert, wofür er keinem andern als dem
Himmel selbst zu danken braucht.

Miguel de Cervantes

2. Mai

Das Wort Zufall ist Gotteslästerung.
Nichts unter der Sonne ist Zufall.

G.E. Lessing

3. Mai

Pilger sind wir, die auf verschiedenen
Wegen einem gemeinsamen Ziel zuwandern!

Antoine de Saint-Exupéry

4. Mai

Hat das Gebet des Herrn noch einen Sinn,
das mit der Anrede des Vaters beginnt,
wenn die Kinder untereinander nicht mehr wissen,
dass sie Brüder sind?

Carl Sonnenschein

5. Mai

Die Philosophie ist eigentlich Heimweh,
ein Trieb, überall zu Hause zu sein.

Novalis

6. Mai

Das aber ist unsere Sendung, dass wir den Glauben, das Wissen, die Liebe, womit das Schicksal die wahrhaft mütterliche Frau segnet, wieder lebendig werden lassen in dieser armen Welt.

Maria Waser

7. Mai

Es gibt nichts, das höher, stärker, gesünder und nützlicher für das Leben wäre, als eine gute Erinnerung aus der Kindheit, aus dem Elternhause.

Fjodor M. Dostojewsky

8. Mai

Die Hand, die die Wiege bewegt, bewegt die Welt.

Gertrud von Le Fort

9. Mai

Kein Glück ist auf dem Erdenrund
Heilkräftiger, süsser, reiner,
Als Kindermund an deinem Mund
Und Kinderhand in deiner Hand.

Paul Heyse

10. Mai

Kein Füllhorn, das von allen Schätzen regnet,
ist reicher als die Mutterhand, die segnet.

Persisches Sprichwort

11. Mai

Denn nur der ist reich, der geliebt wird und lieben darf.

Adalbert Stifter

12. Mai

Die wahre Freude ist die Freude am andern.

Antoine de Saint-Exupéry

13. Mai

Freude und Angst sind Vergrösserungsgläser.

Sprichwort

14. Mai

Tut Gutes, so viel ihr nur könnt; und ebenso oft werdet ihr dafür auf Gesichter treffen, die euch Freude machen.

Alessandro Manzoni

15. Mai

Erinnerung ist eine milde Göttin,
Vergangne Freuden ruft sie dir zurück,
Und selbst vergangnes Leid lässt sie erscheinen
Verklärt im Abendrotlicht fast wie Glück.

Daniel Sanders

16. Mai

Nicht das gegenwärtige Glück allein, auch das Bewusstsein, dass man es in seiner ganzen Fülle einst genossen habe, ist ein reeller überschwenglicher Besitz.

Eduard Mörike

17. Mai

Was das Gesetz nicht verbietet, verbietet der Anstand.

Seneca

18. Mai

Die Pflicht gegen sich selbst besteht darin, dass der Mensch die Würde der Menschheit in seiner eigenen Person bewahrt.

Immanuel Kant

19. Mai

Keine grössere und keine kleinere Herrschaft kannst du haben als die über dich selber.

Leonardo da Vinci

20. Mai

Gott steht für den Gläubigen am Anfang, für den Physiker am Ende allen Denkens.

Max Planck

21. Mai

Achtzig Jahr' vor dir – wie weit! Lang, wie eine Ewigkeit.
Achtzig Jahr vorbei – war's ein Hahnenkreih?

Will Vesper

22. Mai

Was ist ein Buch? Ein Haufen Buchstaben?
Nein, ein Sack voll Samenkörner.

André Gide

23. Mai

Der Jugend wird oft der Vorwurf gemacht, sie glaube,
dass die Welt mit ihr erst anfange. Aber das Alter glaubt noch
öfter, dass mit ihm die Welt aufhöre.

Friedrich Hebbel

24. Mai

Die Klugheit eines Menschen lässt sich aus der Sorgfalt
ermessen, womit er das Künftige oder das Ende bedenkt.

Georg Christoph Lichtenberg

25. Mai

Kein Mensch will etwas werden,
ein jeder will schon etwas sein.

J.W. Goethe

26. Mai

Arbeit, Mässigkeit und Ruh' schliesst dem Arzt die Türe zu.

Friedrich von Logau

27. Mai

Blasiertheit und Neid sind die zwei schlimmsten Feinde des Glückes, sie lassen es an seiner Wurzel verdorren.

Johann Masäus

28. Mai

Das sicherste Zeichen des wahrhaft verständigen Menschen ist Neidlosigkeit.

La Rochefoucauld

29. Mai

Kleider fressen die Motten, Sorgen die Herzen und den Neidischen sein eigener Neid.

Sprichwort

30. Mai

Der Himmel hilft niemals denen, die nicht handeln wollen.

Sophokles

31. Mai

Manche haben Charakter, weil sie einsam sind, und sind einsam, weil sie Charakter haben.

Julius Langbehn

1. Juni

Nach Gründen fragt der Eifersüchtige nie;
Er ist es, weil er's ist, auch ohne Grund.
Ein Ungeheuer ist die Eifersucht,
Erzeugt, geboren aus sich selber nur.

William Shakespeare

2. Juni

Alle Kriege sind nur Raubzüge.

Voltaire

3. Juni

Willst du klug durchs Leben wandern,
Prüfe andre, doch auch dich!
Jeder täuscht gar gern den andern,
Doch am liebsten jeder sich.

Friedrich von Bodenstedt

4. Juni

Es ist gleich schwach und gefährlich, die öffentliche Meinung zu viel und zu wenig zu achten.

Johann Gottfried Seume

5. Juni

Neiden und beneidet werden,
ist das meiste Tun auf Erden.

Friedrich von Logau

6. Juni

Ich werde immer auf eine rätselhafte, unbegreifliche
Art über Wasser gehalten, aber nur genau so viel,
als nötig ist, um nicht zu ertrinken.

Léon Bloy

7. Juni

Wisst, nur zum Sterben ward dies Leben uns gegeben.
Und was der Tod uns schenkt, das ist das wahre Leben.

Christian Martin Wieland

8. Juni

Erfahrung heisst reich werden durch verlieren.

Ernst von Wildenbruch

9. Juni

Die Menschen kommen durch nichts den Göttern näher,
als wenn sie Menschen glücklich machen.

Cicero

10. Juni

Die verschiedenen Religionen sind nur
verschiedene Tore zu derselben Stadt.

Indische Weisheit

11. Juni

Was vergangen, sei vergeben,
Was da glaubt und hofft wird leben.
Was da faul ist, das muss fallen,
Gruss von Gott den Mutigen allen.

Carl Spitteler

12. Juni

Erst im Unglück weiss man wahrhaft, wer man ist.

Stefan Zweig

13. Juni

Dein Erfolg enthält immer etwas, das selbst
deinem besten Freund missfällt.

Oscar Wilde

14. Juni

Es gibt im Himmel einen Gnadenschatz, der
ewig fliesst und immer voll ist. Das haben
die Doktoren dieser Erde nicht begriffen.

Charles Péguy

15. Juni

Es wird dahin kommen mit den Menschen,
dass sie anfangen zu heulen, wenn ihrer nicht
wenigstens Hundert beisammen sind.

Jacob Burckhardt

16. Juni
Unglücklich der Geist, der um Künftiges bangt.

Seneca

17. Juni
Oft zeigt sich's, Mangel wird uns zum Heil,
und die Entbehrung selbst gedeiht zur Hilfe.

William Shakespeare

18. Juni
Theorie und Praxis sind eins wie Seele und Leib, und wie
Seele und Leib liegen sie grossenteils miteinander im Streit.

Marie von Ebner-Eschenbach

19. Juni
Einsamkeit ist der Weg, auf dem das Schicksal den Menschen
zu sich selber führen will.

Hermann Hesse

20. Juni
Was nicht ist, das kann noch werden,
Kurz und rasch ist Heldenbrauch.
Was ein andrer kann auf Erden,
Ei, bei Gott, das kann ich auch.

Franz Grillparzer

21. Juni

Wer sich entschliessen kann, besiegt den Schmerz.

J.W. Goethe

22. Juni

Der ist mit den Menschen übel dran,
Der über sie nicht lachen kann.
Lass dir die Toren heiter behagen,
So wirst du auch den Schlechten ertragen.

Karl Weitbrecht

23. Juni

Sparsamkeit ist eine Kunst, aus dem Leben
soviel wie möglich herauszuschlagen.

George Bernard Shaw

24. Juni

Wozu das Geld doch gut?
Wer's nicht hat, hat nicht Mut,
Wer's hat, hat Sorglichkeit,
Wer's hat gehabt, hat Leid!

Sprichwort

25. Juni

Wer ohne die Welt auszukommen glaubt, irrt sich.
Wer aber glaubt, dass die Welt nicht ohne ihn
auskommen könne, irrt sich noch viel mehr.

La Rochefoucauld

26. Juni

Du musst mit den Menschen leben,
Darum nimm sie, wie sie sind;
Dann nur kannst auch du dich geben,
Wie du bist.

Franz von Dingelstedt

27. Juni

Die Nachbarn sind die Prüfungsaufgaben,
die uns das Leben stellt.

Marcel Achard

28. Juni

Kennst du den Kummer nicht,
lernst du auch die Freude nicht kennen.

Russisches Sprichwort

29. Juni

Es gibt Beleidigungen, die man nicht bemerken darf,
wenn man sich in der Gesellschaft behaupten will.

Vauvenargues

30. Juni

Der Mensch ist nie so schön, als wenn er um
Verzeihung bittet, oder selber verzeiht.

Jean Paul

1. Juli

Wichtig ist doch nur das eine: Dass dem Menschen
Zeit bleibt, rechtzeitig das Rechte zu tun.

Stefan Zweig

2. Juli

Es ist nicht wichtig, was uns trifft,
sondern was wir daraus machen.

Carl Zuckmayer

3. Juli

Die Freundschaft ist ein Edelstein,
und die Treue das Gold, das ihn einfasst.

Zenta Maurina

4. Juli

Pflege gute Gedanken, und sie werden
reifen zu guten Werken.

Östliche Weisheit

5. Juli

Ich kann mich über nichts mehr freuen,
als über deine Gegenwart.

Nikolaus Lenau

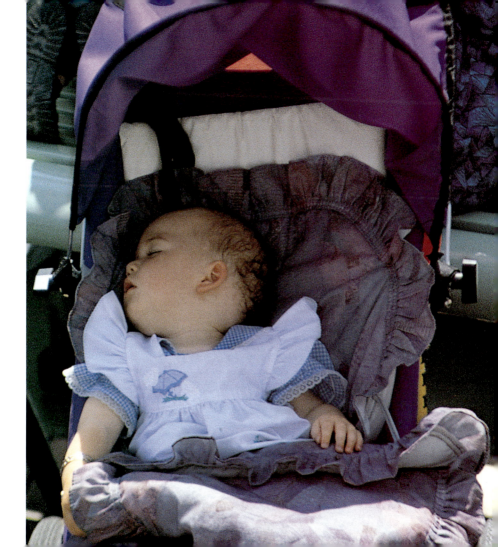

6. Juli

Das ist nicht der Tapferste, der sich nie gefürchtet,
sondern der die Furcht überwunden hat.

Sprichwort

7. Juli

Man muss einen Stecken in der Jugend schneiden,
damit man im Alter daran gehen kann.

Konfuzius

8. Juli

Der bessere Teil der Tapferkeit ist Vorsicht.

William Shakespeare

9. Juli

Wir haben nicht zu wenig Zeit, wir vergeuden zu viel.

Seneca

10. Juli

Sich nicht von den Ereignissen schleppen lassen!
Tapfer Schritt halten mit seinem Schicksal.

Georg Stammler

11. Juli

Eine gute Tat ist eine solche, die ein Lächeln
der Freude auf das Antlitz eines anderen zaubert.

Mohammed

12. Juli

Ein guter Kaffee muss schwarz sein wie der Teufel,
heiss wie die Hölle und süss schmecken wie ein Kuss.

Ungarisches Sprichwort

13. Juli

Fürchte den Bock von vorn, das Pferd von
hinten und den Menschen von allen Seiten.

Russisches Sprichwort

14. Juli

Die Freude braucht dir nie zu fehlen, sie kann dich
jederzeit beglücken, weil ihr Heim in dir selbst ist.

Seneca

15. Juli

Des Menschen Wille, das ist sein Glück

Friedrich Schiller

16. Juli

Ich wollte mich doch lieber aufhängen, als ewig negieren, ewig in der Opposition sein, ewig schussbereit auf die Mängel und Gebrechen meiner Mitliebenden, Nächstlebenden lauern.

J.W.Goethe

17. Juli

Die Kunst war und ist das beglückende Element meines Lebens.

Max Pechstein

18. Juli

Es gehen in jedem Menschenleben Licht und Schatten wohl Hand in Hand.

Emanuel Geibel

19. Juli

Mit der Grösse der Aufgaben wächst die Kraft des Geistes.

Friedrich Schiller

20. Juli

Je grösser das Unglück, desto schneller muss man die Hände rühren, nicht den Mund.

Rudolf Huch

21. Juli

Was auch dein Unglück sei, du musst es tragen;
Fluch und Trotz sind nutzlos.

Lord Byron

22. Juli

Die Kunst vergnügt zu sein, der wahre Stein der Weisen,
besteht in kluger Mischung angenehmer Empfindungen.
Überhäuft man sich mit Genüssen, gleichviel sinnlicher oder
geistiger Art, so erfolgt Ermattung.

F. Wilhelm Weber

23. Juli

Behandelt die Menschen so, als ob sie schon gut
wären, wie ihr sie haben wollt. Es ist der einzige
Weg, sie dazu zu machen.

J.W. Goethe

24. Juli

Je weniger man fürchtet, desto kleiner
wird man die Gefahr finden.

Livius

25. Juli

Sei treu! Sei stark! Und ringst du auch vergebens,
Mut ist die beste Weisheit dieses Lebens.

Hans Hopfen

26. Juli

Die Nähe grüsst, die Fernen winken,
Von allen Seiten lacht die Welt,
Doch wird das Herz nie Befriedung trinken,
Das sich nicht seine Grenze stellt.

Seami Motokiyo

27. Juli

Jede Generation hat Anspruch auf ihr eigenes Wort.

Reinhold Schneider

28. Juli

Es ist leichter, zehn Bände über Philosophie zu schreiben, als einen Grundsatz in die Tat umzusetzen.

Leo Tolstoi

29. Juli

Die Jugend ist die Zeit, die Weisheit zu erforschen;
Das Alter ist die Zeit, sie anzuwenden.

Jean-Jacques Rousseau

30. Juli

Undankbarkeit ist schlimmer als Diebstahl.

Talmud

31. Juli

Der Geist ist alles: Was du denkst, das wirst du!

Buddha

1. August

Mensch! Hebe deinen Blick von der Erde zum Himmel -
welch bewunderungswürdige Ordnung zeigt sich da!

Leo Tolstoi

2. August

Es gibt nur ein Anzeichen für Weisheit:
Gute Laune, die anhält.

Michel de Montaigne

3. August

Bei der Geburt bringen wir nichts mit,
beim Tode nehmen wir nichts mit.

Chinesisches Sprichwort

4. August

Je weiser und besser ein Mensch ist,
umso mehr Gutes bemerkt er in den Menschen.

Blaise Pascal

5. August

Der Erfolg beginnt immer und überall
mit einem einzigen Wort: *MUT.*

H.N. Casson

6. August

Es muss Arbeit mit den Händen getan werden, sonst könnte keiner von uns leben. Es muss Arbeit mit dem Gehirn getan werden, sonst wäre unser Leben nicht lebenswert.

John Ruskin

7. August

Die Sorgen sind wie Gespenster: Wer sich nicht vor ihnen fürchtet, dem können sie nichts anhaben.

Sprichwort

8. August

Die Frage nach dem Sinn des Lebens
ist die dringlichste aller Fragen.

Albert Camus

9. August

Wer mutlos ist, nimmt den anderen den Mut.

Antoine de Saint-Exupéry

10. August

Viele Probleme erledigen sich von selbst,
wenn man ihnen Zeit dazu lässt.

Krishna Menon

11. August

Es ist unsäglich, was man sich im Leben mit der blossen Ungeduld für Chancen verdirbt.

Jacob Burckhardt

12. August

Das Herz ist reich oder arm, nicht der Geldsack.

Sprichwort

13. August

Wie trügerisch die Hoffnung auch sein mag, sie hat jedenfalls den Vorzug, uns bis ans Lebensende auf einem angenehmen Pfad zu führen.

La Rochefoucauld

14. August

Der Langsamste, der sein Ziel nicht aus den Augen verliert, geht noch immer geschwinder, als der ohne Ziel umherirrt.

G.E. Lessing

15. August

Es werden mehr Menschen durch Übung tüchtig als durch Naturanlage.

Karl Julius Weber

16. August

Wenn Lügen Haare wären, wir wären rauh
wie Bären und hätten keine Glatzen.

Wilhelm Busch

17. August

Wenn wir es recht überdenken, so stecken
wir doch alle nackt in unsern Kleidern.

Heinrich Heine

18. August

Neue Weine müssen gären,
Wer kann denn der Jugend wehren!
Lass sie toben! Most wird Wein.
Sie wird endlich klüger sein.

Unbekannt

19. August

Die meisten Menschen geben ihre Laster erst
dann auf, wenn sie ihnen Beschwerden machen.

William Somerset Maugham

20. August

Wenn das Schwein satt ist, will es weiter fressen,
wenn der Mensch reich ist, will er weiter raffen.

Russisches Sprichwort

21. August

Sonder Rast
Fliehn Jugend, Glück und Schimmer;
Was du geliebet hast,
Bleibt dir ein Schatz für immer.

Emanuel Geibel

22. August

Was braucht man mehr, um froh zu leben,
als Leichtsinn, Liebe, Lied und Wein.

Friedrich Hornfeck

23. August

Den Menschen, denen wir eine Stütze sind,
die geben uns den Halt im Leben.

Marie von Ebner-Eschenbach

24. August

Du bist die Ruh, du bist der Frieden,
Du bist der Himmel, mir beschieden.

Friedrich Rückert

25. August

Mannsräuschlein nannte man im siebzehnten
Jahrhundert gar ausdrucksvoll die Geliebte.

J.W. Goethe

26. August

Gewinn ist Segen, wenn man ihn nicht stiehlt.

William Shakespeare

27. August

Nichts ist schwerer und nichts erfordert mehr Charakter, als sich in offenem Gegensatz zu seiner Zeit zu befinden und laut zu sagen: Nein.

Kurt Tucholsky

28. August

Wer vor sich selber flieht, wird immer eingeholt.

Ernst Wiechert

29. August

Das Leben des Menschen ist wie ein Schiff auf den Meereswellen: Es hinterlässt keine Spuren.

Chomat Schlomo

30. August

Wir sind nicht nur für unser Tun verantwortlich, sondern auch für das, was wir nicht tun.

Molière

31. August

Eifersucht ist Angst vor dem Vergleich.

Max Frisch

1. September

Im Leben kann sich niemand in die Lage eines anderen versetzen, und eben deshalb soll man keinen Menschen verurteilen.

Gabriel Marcel

2. September

Ja, die Erde ist noch immer voll schöner Wunder, wir betrachten sie nur nicht mehr.

Joseph von Eichendorff

3. September

Wer spricht vom Siegen? Überstehen ist alles.

Rainer Maria Rilke

4. September

Kannst du kein Stern am Himmel sein, sei eine Lampe im Haus.

Arabisches Sprichwort

5. September

Monde und Jahre vergehen und sind auf immer vergangen, aber ein schöner Moment leuchtet das Leben hindurch.

Franz Grillparzer

6. September

Ein Mensch des Gebetes ist in Frieden
mit sich und der ganzen Welt.

Mahatma Gandhi

7. September

Sei stolz auf deine Kraft und sage:
"Was andere können, kann auch ich."

Carl von Tschudy

8. September

Wer die Dummköpfe gegen sich hat, verdient Vertrauen.

Jean Paul Sartre

9. September

Es ist eine grosse menschliche Kraft, ohne
Ungeduld zu harren, zu warten, bis alles reifet.

Heinrich Pestalozzi

10. September

Es gehört auch zur Lebensklugheit, dass wir
uns nicht dauernd mit Menschen vergleichen,
die glücklicher sind als wir.

Sigrid Undset

11. September

Um andre leichter zu ertragen,
Musst du dir sagen,
Dass du selber nicht zu jeder Frist
Andern leicht zu ertragen bist.

Friedrich Rückert

12. September

Wie dein Leiden sich mehrt,
so naht sich die Kraft, es zu tragen.

Johann Kaspar Lavater

13. September

Die Gaben der Natur und des Glücks sind nicht
so selten wie die Kunst sie zu geniessen.

Vauvenargues

14. September

Nur die haben ein Recht zu kritisieren,
die zugleich ein Herz haben: zu helfen.

William Penn

15. September

Jedes Menschen Paradies liegt vor ihm, nicht hinter ihm.

Arabisches Sprichwort

16. September
Das Glück deines Lebens hängt von der Beschaffenheit deiner Gedanken ab.

Marc Aurel

17. September
Tief zu bedauern, wer im Alter bitter wird. Statt: Zusammen zu zählen, was man Gutes, was man Schönes erlebt hat, und das zu addieren und dafür dem Schicksal zu danken.

Theodor Hieck

18. September
Verzweiflung ist nicht nur der Gipfel unseres Unglücks, sondern auch unsere Schwäche.

Vauvenargues

19. September
Einen Tag ungestört in Musse zu verleben, heisst einen Tag ein Unsterblicher zu sein.

Chinesisches Sprichwort

20. September
Des Menschen Grösse besteht weder im Wissen noch im Sprechen, sondern im *Handeln*.

Franz Grillparzer

21. September
Ganz er selbst sein darf jeder nur, solange er allein ist.

Arthur Schopenhauer

22. September
Was heute Not tut, ist weniger, über die Liebe,
den Frieden, die Freiheit und die Gerechtigkeit
zu reden, dafür aber mehr Toleranz zu üben,
gegenüber jedem Menschen und jedem Volke.

Nico

23. September
Nicht sinnen und sorgen, sondern bitten und arbeiten
ist in allen schwierigen Verhältnissen das Richtige.

Carl Hilty

24. September
Es ist frevelhaft, mit dem Geld und dem
Feuer nicht vorsichtig umzugehen.

Adalbert Stifter

25. September
Eine Stunde Gerechtigkeit geübt,
gilt mehr als siebzig Jahre Gebet.

Türkisches Sprichwort

26. September
Wir sind nicht umsonst in diese Welt gesetzt;
wir sollen hier reif für eine andre werden.

Mathias Claudius

27. September
Einen Vorsprung im Leben hat,
wer da anpackt, wo die anderen erst einmal reden.

John F. Kennedy

28. September
Keine Weisheit, die auf Erden gelehrt werden kann,
kann das uns geben, was uns ein Wort
und ein Blick der Mutter gibt.

Wilhelm Raabe

29. September
Dein Heim kann dir die Welt ersetzen,
doch nie die Welt dein Heim.

Hausspruch

30. September
Nur wer um die Tiefe weiss, kennt das ganze Leben.

Stefan Zweig

1. Oktober

Wenn der Mensch zu seinem Leid von heute nicht
immer auch sein Leid von gestern und sein Leid von morgen
hinzurechnete, so wäre jedes Schicksal erträglich.

Robert Hamerling

2. Oktober

Irren kann jeder, im Irrtum verharrt nur der Tor.

Cicero

3. Oktober

Alles, was wir Zufall nennen, ist von Gott.

Novalis

4. Oktober

Der Tag verblasst mit der Nacht,
der Mensch mit der Traurigkeit.

Russisches Sprichwort

5. Oktober

Erleben wir die Welt, in der wir leben,
als Gabe und Aufgabe der unendlichen Liebe,
sie allein vermag uns zu beglücken.

Augustinus

6. Oktober

Ein Wunsch dem andern immer weicht,
Ins Herz zieht nie Genügen ein;
Und wenn du glaubst dein Glück erreicht,
So hört es auf dein Glück zu sein.

Fliegende Blätter

7. Oktober

Man läuft Gefahr zu verlieren, wenn man
zuviel gewinnen möchte.

Jean de La Fontaine

8. Oktober

Die Welt ist ein Gefängnis,
in dem Einzelhaft vorzuziehen ist.

Karl Kraus

9. Oktober

Wer lügt, wer verleumdet, ist ärger als ein Dieb.

Friedrich von Hagedorn

10. Oktober

Glück erkennt man nicht, drinne man geboren,
Glück erkennt man erst, wenn man es verloren.

Friedrich von Logau

11. Oktober

Das Leben ist so kurz und köstlich, dass es schade ist, es mit Katzbalgereien, mit gelehrten Wortkriegen zu versudeln.

Johann Georg Hamann

12. Oktober

Gott legt das Messband nicht um den Kopf,
sondern um das Herz.

Irisches Sprichwort

13. Oktober

Unerschütterlichkeit bei Weisen ist nichts anderes als die Kunst, Stürme im Herzen zu verschliessen.

La Rochefoucauld

14. Oktober

Alt werden heisst sehend werden,
sehend, dass das Licht von anderen Ufern kommt.

Eva Firkel

15. Oktober

So fliesst alles dahin wie ein Fluss,
ohne aufhalten Tag und Nacht.

Konfuzius

16. Oktober

Das Beste an der Zukunft ist, dass wir immer nur einen
Tag auf einmal verkraften müssen.

Dean Acheson

17. Oktober

Doch eines ist, was nützt: die Klarheit.
Eines ist, was besteht: das Recht.
Eines ist, was besänftigt: die Liebe.

Ludwig Börne

18. Oktober

Leben ist gemeinsam wachsen wollen.

Friedrich Nietzsche

19. Oktober

Nichts hat in dieser Welt Bestand:
Was da kommt, muss scheiden.
Und so reichen sich die Hand
Immer Freud und Leiden.

Hoffmann von Fallersleben

20. Oktober

Das Leben gleicht dem Feuer:
Es beginnt mit Rauch und endigt mit Asche.

Arabisches Sprichwort

21. Oktober

Christus hat uns durch seinen Tod erlöst. Wir werden zu unseren Lebzeiten erlöst. Es liegt an uns, ob wir uns erlösen lassen wollen oder nicht.

Georges Bernanos

22. Oktober

Wir unterschätzen das, was wir haben, und überschätzen das, was wir sind.

Marie von Ebner-Eschenbach

23. Oktober

Was du deiner Mutter schuldest, weißt du erst, wenn du selbst Kinder hast.

Japanisches Sprichwort

24. Oktober

Die einzige wirkliche Schulreform ist die Liebe zu den Kindern.

Ferdinand Ebner

25. Oktober

Das Beste, was du deinem Kinde geben kannst, ist Zeit.

Gorch Fock

26. Oktober

Die einzige Freude auf der Welt ist das Anfangen.
Es ist schön zu leben, weil Leben anfangen ist,
immer, in jedem Augenblick.

Cesare Pavese

27. Oktober

Humor und Weltklugheit helfen einem auch über die Unannehmlichkeiten eines Kleinkrieges mit dem bösen, bösen Nachbarn hinüber.

Kurt Tucholsky

28. Oktober

Jeder muss entsagen lernen, bis er dem Leben selbst entsagt.

August von Platen

29. Oktober

Trau nicht der Welt, trau nicht dem Geld,
Trau nicht dem Tod, trau nur auf Gott.

Hausspruch

30. Oktober

Was man von der Minute ausgeschlagen,
gibt keine Ewigkeit zurück

Friedrich Schiller

31. Oktober

Nur die Gesundheit ist das Leben.

Friedrich von Hagedorn

1. November

Wer eine Not erblickt und wartet, bis er um Hilfe gebeten wird, ist ebenso schlecht, als ob er sie verweigert hätte.

Dante Alighieri

2. November

Vieles kann der Mensch entbehren, nur den Menschen nicht.

Ludwig Börne

3. November

Wo keine Gerechtigkeit ist, ist keine Freiheit,
und wo keine Freiheit ist, ist keine Gerechtigkeit.

Johann Gottfried Seume

4. November

Fremde Sünden sieht man vor sich,
aber die eigenen hat man hinter dem Rücken.

Leo Tolstoi

5. November

Meine Weisheit besteht in der Erkenntnis,
dass ich nichts weiss.

Sokrates

6. November

Trost gibt der Himmel,
von den Menschen erwartet man Beistand.

Ludwig Börne

7. November

Wenn die Gerechtigkeit untergeht,
hat es keinen Wert mehr, dass Menschen auf Erden leben.

Immanuel Kant

8. November

Ein grosser Schmerz kann oft der innerste Kern,
der beste Gehalt und Wert unseres Lebens werden.

Theodor Fontane

9. November

Die Liebe ist der Flügel, den Gott dem Menschen gab,
um zu Ihm empor zu kommen.

Michelangelo

10. November

Es geht uns allen mehr oder minder so.
Erst wenn wir gegangen sind, lässt man
uns gelten und bedauert es.

Gottfried Keller

11. November

Der Himmel möge mir das Glück erhalten,
mich täglich über das Lokale und allzu
Persönliche ins Unendliche und Ewige erheben zu
können, will heissen: vom zeitlichen ins ewige Schicksal.

Gerhart Hauptmann

12. November

Das Bemerkungswerte am Menschen ist nicht,
dass er verzweifelt, sondern dass er die
Verzweiflung überwindet und vergisst.

Albert Camus

13. November

Dreierlei Dinge können die Menschen nicht entbehren:
Brot, Gesundheit und Hoffnung.

Giovanni Papini

14. November

Die kleinen Sterne scheinen immer,
während die grosse Sonne oft untergeht.

Afrikanisches Sprichwort

15. November

Als Christus siegte, hat er auch die Angst besiegt.

Romano Guardini

16. November

Die Hauptsache bleibt immer, dass eine Allweisheit und
Allgüte die Ordnung der Dinge regiert und dass unsere
kleinsten und grössten Schicksale darin mit verwebt sind.

Wilhelm von Humboldt

17. November

Der Mensch soll nicht zuviel an die Vergangenheit denken;
wer sich oben halten will, hat mit der Gegenwart genug zu tun.

Richard Wagner

18. November

Eine Sonne ist der Mensch,
allsehend, allverklärend, wenn er liebt.

Friedrich Hölderlin

19. November

In einer guten Ehe ernennt einer den andern
zum Beschützer seines Alleinseins.

Rainer Maria Rilke

20. November

Was du selber tun kannst,
bürde niemand anderem auf.

Östliche Weisheit

21. November

Das Universum ist das verwirklichte Denken
Gottes, und es ist ein verlorenes Leben,
wenn wir anders leben als in dieser Erkenntnis.

Thomas Carlyle

22. November

Der Mensch kann alles, er kann hassen, er kann glauben, er kann lieben. Der Mensch zahlt für alles, und darum ist er frei.

Maxim Gorkij

23. November

Nicht Heimat suchen, sondern Heimat werden sollen wir!

Ina Seidel

24. November

Das Haus ist mein und doch nicht mein,
Der vor mir war, dacht auch, 's wär sein.

Hausspruch

25. November

Ein freundliches Wort ist wie ein Frühlingsregen.

Russisches Sprichwort

26. November

Gerecht sein heisst: Den anderen als anderen gelten lassen, es heisst: da anerkennen, wo man nicht lieben kann.

Josef Pieper

27. November

Die Liebe verwandelt die Wüste in ein Paradies.

F. Masaidek

28. November

Das Leben hängt mit dem Ewigen zusammen,
es ist der Eingang dazu.

Bettina von Arnim

29. November

Weinen, Lust und Schmerz sind Geschwisterkinder.

J.W. Goethe

30. November

Gott hat keinen Schmerz zugelassen, dem nicht eine höhere Freude siegend entgegenstände.

Jean Paul

1. Dezember

Meine Freunde teile ich in solche, die ich bewundere, solche, die ich verehre, solche, die ich liebe und solche, mit denen ich Mitleid habe.

Francesco Petrarca

2. Dezember

Was du tun sollst, tue ohne Widerstreben, ernst und mit Freude, nichts mit Murren, mit Angst, mit Furcht nichts, alles mit Hoffnung.

Johann Kaspar Lavater

3. Dezember

Es gibt im Grunde nur ein Gebet – das Danken.

Karl Foerster

4. Dezember

Unbilliger Frieden ist besser als gerechter Krieg.

Sprichwort

5. Dezember

Es gibt keine Freiheit ohne Frieden
und keinen Frieden ohne Freiheit.

F.I. Romay

6. Dezember

Das Muss ist hart, aber beim Muss kann der Mensch
allein zeigen, wie es inwendig mit ihm steht.
Willkürlich leben kann jeder.

J.W. Goethe

7. Dezember

Irren ist menschlich, und Vergeben göttlich!

Alexander E. Pope

8. Dezember

Alt werden und einsam werden scheint dasselbe, und ganz
zuletzt ist man wieder nur mit sich zusammen und macht
andere durch seinen Tod einsam.

Friedrich Nietzsche

9. Dezember

Wer lesen kann, ist niemals einsam.

Walter Jens

10. Dezember

Sehr lange hat es gedauert, bis ich begriffen habe,
wie einfach es ist, ganz offen zu bekennen:
"Das verstehe ich nicht."

William Somerset Maugham

11. Dezember

Es ist ein Zeichen fortschreitenden und reifenden Lebens, immer weniger von anderen und immer mehr von sich selbst zu verlangen.

Otto Heuschele

12. Dezember

Die Gesundheit überwiegt alle äusseren Güter so sehr, dass wahrlich ein gesunder Bettler glücklicher ist als ein kranker König.

Arthur Schopenhauer

13. Dezember

Es ist besser, die Nacht in der Wildnis zu verbringen, als Gast zu sein bei einem Geizhals.

Arabisches Sprichwort

14. Dezember

In der praktischen Schule des Lebens wirkt die Tat stets mächtiger als das Wort.

Samuel Smiles

15. Dezember

Wahre Nächstenliebe ist mehr als die Fähigkeit zum Mitleid, sie ist die Fähigkeit zur Zuwendung.

Martin Luther King

16. Dezember
Der Lebenslage, in die dich dein Los versetzt hat, passe dich an, und den Menschen, mit denen dich das Schicksal zusammenführt, erweise Liebe, aber aufrichtig.

Marc Aurel

17. Dezember
Man muss sich durch die kleinen Gedanken, die einen ärgern, immer wieder durchfinden zu den grossen Gedanken, die einen stärken.

Dietrich Bonhoeffer

18. Dezember
Wir müssten uns oft unserer besten Taten schämen, wenn die Beweggründe dazu ans Licht kämen.

La Rochefoucauld

19. Dezember
Eh' dass man mit einem Unzufriedenen zankt,
Entfernt ihm lieber erst den Dorn, woran er krankt.

Carl Spitteler

20. Dezember
Lernen ist wie Rudern gegen den Strom:
Sobald man aufhört, treibt man zurück.

Chinesisches Sprichwort

21. Dezember

Was gehen uns die Nachteile der andern an?
Unter seinen Fehlern leidet jeder selbst genug.
Das Positive allein sollen wir beachten.

Hermann Keyserling

22. Dezember

Man braucht, um über einen Menschen
richtig zu urteilen, oft ein ganzes Leben.

Robert Musil

23. Dezember

In schwierigen Zeiten ist es besser, das Zunächstliegende
zu tun, als das Vorausliegende zu planen.

Karl Guggenheim

24. Dezember

Der Prüfstein allen Glückes ist Dankbarkeit.

Gilbert Keith Chesterton

25. Dezember

Menschen zu finden, die mit uns fühlen
und empfinden, ist wohl das schönste Glück auf Erden.

Carl Spitteler

26. Dezember

Trennung ist wohl Tod zu nennen,
Denn wer weiss, wohin wir gehen,
Tod ist nur ein kurzes Trennen
Auf ein baldig Wiedersehen.

Joseph Eichendorff

27. Dezember

Frohsinn und Heiterkeit würzt jede Mahlzeit.

Berliner Ratskeller

28. Dezember

Ein Gentleman ist ein Mann, der wenigstens
von Zeit zu Zeit so ist, wie er immer sein sollte.

Vivien Leigh

29. Dezember

Wer eine Frau liebt, dem erscheinen selbst
Pockennarben als Lachgrübchen.

Japanisches Sprichwort

30. Dezember

Nicht der Besitz an materiellen Gütern erhellt die
Kinderjahre, sondern die Liebe und Gemütsverfassung der
Eltern.

Rudolf von Tavel

31. Dezember

Jedes Kinderherz ist ein Stückchen Paradies.

Fliegende Blätter

Autoren-Verzeichnis

Achard Marcel 49
Acheson Dean 78
Afrikanisches Sprichwort 85
Alighieri Dante 82
Arabisches Sprichwort 20, 66, 69, 78, 93
Arndt Ernst Moritz 21
Arnim Bettina von 89
Augustinus 74

Berg Bengt 20
Berliner Ratskeller 97
Bernanos Georges 80
Bloy Léon 44
Bodenstedt Friedrich 33, 42
Bonhoeffer Dietrich 94
Börne Ludwig 10, 33, 78, 82, 84
Brunton Paul 32
Bruyère Jean de la 30
Buck Pearl S. 28
Buddha 57
Burckhardt Jacob 45, 61
Busch Wilhelm 62
Byron Lord 56

Camus Albert 60, 85
Carlyle Thomas 88
Casson H.N. 58
Cervantes Miguel de 34
Chesterton Gilbert Keith 96
Chinesisches Sprichwort 58, 70, 94
Cicero 44, 74
Claudius Mathias 73

Dickens Charles 2
Dingelstedt Franz von 49
Dostojewski Fjodor M. 14, 36

Ebner Ferdinand 80
Ebner-Eschenbach Maria von 46, 64, 80
Eichendorff Joseph von 66, 97
Emerson Ralph Waldo 28
Eötvös Joseph 2, 5

Feuchtersleben Ernst von 2
Fichte Johann Gottfried 20
Finckh Ludwig 32
Firkel Eva 77
Fliegende Blätter 8, 12, 76, 97
Fock Gorch 80
Foerster Karl 90
Fontane Theodor 2, 84
France Anatole 6
Frisch Max 65

Galen Claudius Galenos 33
Galiani Fernando 4
Gandhi Mahatma 68
Geibel Emanuel 2, 16, 21, 54, 64
Ghose Shri Aurobindo 21

Gide André 40
Goethe J.W. 6, 9, 13, 17, 26, 40, 48, 54, 56, 64, 89, 92
Goetz Curt 6
Gorkij Maxim 88
Gotthelf Jeremias 14, 16
Grillparzer Franz 4, 32, 46, 66, 70
Guardini Romano 85
Guggenheim Karl 96

Hagedorn Friedrich von 76, 81
Halm Friedrich 4, 24
Hamann Johann Georg 77
Hamerling Robert 74
Hauptmann Gerhard 85
Hausspruch 73, 81, 88
Hebbel Friedrich 12, 40
Heine Heinrich 25, 29, 62
Hesse Hermann 25, 46
Heuschele Otto 93
Heyse Paul 29, 36
Hieck Theodor 70
Hilty Carl 13, 29, 72
Hippel Gottlieb von 24
Hoffmann von Fallersleben 78
Hölderlin Friedrich 86
Hopfen Hans 56
Hornfeck Friedrich 64
Huch Rudolf 54
Humboldt Wilhelm von 86
Huxley Aldous 12

Immermann Karl 18
Indische Weisheit 44
Irisches Sprichwort 77
Japanisches Sprichwort 80, 97
Jean Paul 5, 16, 49, 89
Jens Walter 92

Kant Immanuel 18, 38, 84
Katz Richard 28
Keller Gottfried 28, 84
Keller Helen 4
Kennedy John F. 73
Kennedy Robert 4
Kettering Charles F. 29
Keyserling Hermann 96
King Martin Luther 93
Kolb Annette 28
Konfuzius 52, 77
Kotzebue Otto von 33
Kraus Karl 76

La Fontaine Jean de 76
Langbehn Julius 22, 41
La Rochefoucauld 13, 25, 41, 48, 61, 77, 94
Lavater Johann Kaspar 22, 69, 90
Lebensweisheit 12, 22
Le Fort Gertrud von 36
Leigh Vivien 97
Leixner Otto von 26, 29
Lenau Nikolaus 50

Leonardo da Vinci 20, 38
Lessing G.E. 34, 61
Levi Carlo 13
Lichtenberg Georg Christoph 40
Liszt Franz 32
Livius 56
Logau Friedrich von 5, 26, 41,
    42, 76

Mann Thomas 13
Manzoni Alessandro 37
Marc Aurel 6, 26, 70, 94
Marcel Gabriel 66
Marriot Emil 22
Masaidek F. 89
Masäus Johann 41
Maugham William Somerset 20,
    62, 92
Maurina Zenta 10, 18, 50
Mendelssohn Abraham 32
Menon Krishna 60
Michelangelo 84
Mohammed 53
Molière 65
Monier William 24
Montaigne Michel de 58
Morgenstern Christian 16
Mörike Eduard 38
Moser Hans Albrecht 25
Motokiyo Seami 57
Müller Wilhelm 10
Musil Robert 30, 96

Nico 72
Nietzsche Friedrich 5, 30, 78, 92
Novalis 22, 34, 74

Östliche Weisheit 10, 50, 86
Oncken Walter 10

Papini Giovanni 85
Pascal Blaise 58
Pauly August von 9
Pavese Cesare 81
Pechstein Max 54
Péguy Charles 5, 45
Penn William 69
Persisches Sprichwort 36
Pestalozzi Heinrich 68
Petrarca Francesco 90
Pieper Josef 89
Planck Max 38
Platen August von 81
Pope Alexander E. 92

Raabe Wilhelm 26, 73
Rahel Levin 30
Remarque Erich Maria 8, 16
Rilke Rainer Maria 66, 86
Rinser Luise 14
Rivarol Antoine de 25
Romain Jules 30
Romay F.I. 90
Rousseau Jean-Jacques 24, 57
Rückert Friedrich 21, 64, 69
Rumänisches Sprichwort 6

Ruskin John 60
Russisches Sprichwort 49, 53, 62, 74, 88

Saikaku Ibara 17
Sailer Michael 8
Saint Exupéry Antoine de 34, 37, 60
Sallust 21
Sand George 18
Sanders Daniel 37
Sartre Jean Paul 68
Schiller Friedrich 53, 54, 81
Schindler Alexander 33
Schlomo Chomat 65
Schneider Reinhold 57
Schopenhauer Arthur 17, 72, 93
Seidel Ina 9, 88
Seneca 38, 46, 52, 53
Seume Johann Gottfried 42, 82
Shakespeare William 42, 46, 52, 65
Shaw George Bernard 18, 48
Smiles Samuel 93
Sokrates 82
Sonnenschein Carl 34
Sophokles 41
Spinoza Baruch de 8
Spitteler Carl 45, 94, 96
Spitzer Daniel 24
Sprichwort 37, 41, 48, 52, 60, 61, 90
Stammler Georg 17, 52

Stifter Adalbert 37, 72

Talmud 57
Tavel Rudolf von 97
Theresia von Avila 12
Thoreau Henry David 9
Tolstoi Leo 57, 58, 82
Tschechow Anton 25
Tschopp Charles 8
Tschudy Carl von 68
Tucholsky Kurt 65, 81
Türkisches Sprichwort 12

Unbekannt 62
Undset Sigrid 68
Ungarisches Sprichwort 53

Vauvenargues 49, 69, 70
Vesper Will 40
Voltaire 42

Wagner Richard 86
Waser Maria 36
Weber Karl Julius 14, 61
Weber Wilhelm F. 56
Weitbrecht Karl 48
Wiechert Ernst 65
Wieland Christian Martin 44
Wilde Oscar 9, 45
Wildenbruch Ernst von 44

Zuckmayer Carl 50
Zweig Stefan 9, 14, 45, 50, 73

Textauswahl und Fotos von Eugen Hettinger

Copyright 2000   by Quellen-Verlag, CH-9001 St. Gallen
                 Printed in Switzerland

                 Modèle déposé BIRPI

In der Reihe Lichtquellen und in gleicher Aufmachung sind bisher erschienen:

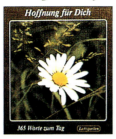
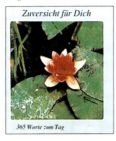

365 Beobachtungen und
Ratschläge für ein sinnvolles
Leben von Jackson Brown

366 weitere Anregungen
für ein sinnvolles Leben von
Jackson Brown. BAND 2.

Ausgewählte Bibeltexte mit
Schlagwortverzeichnis und
Zeugnis grosser Menschen